FIND THE
CORRECT
SHADOW

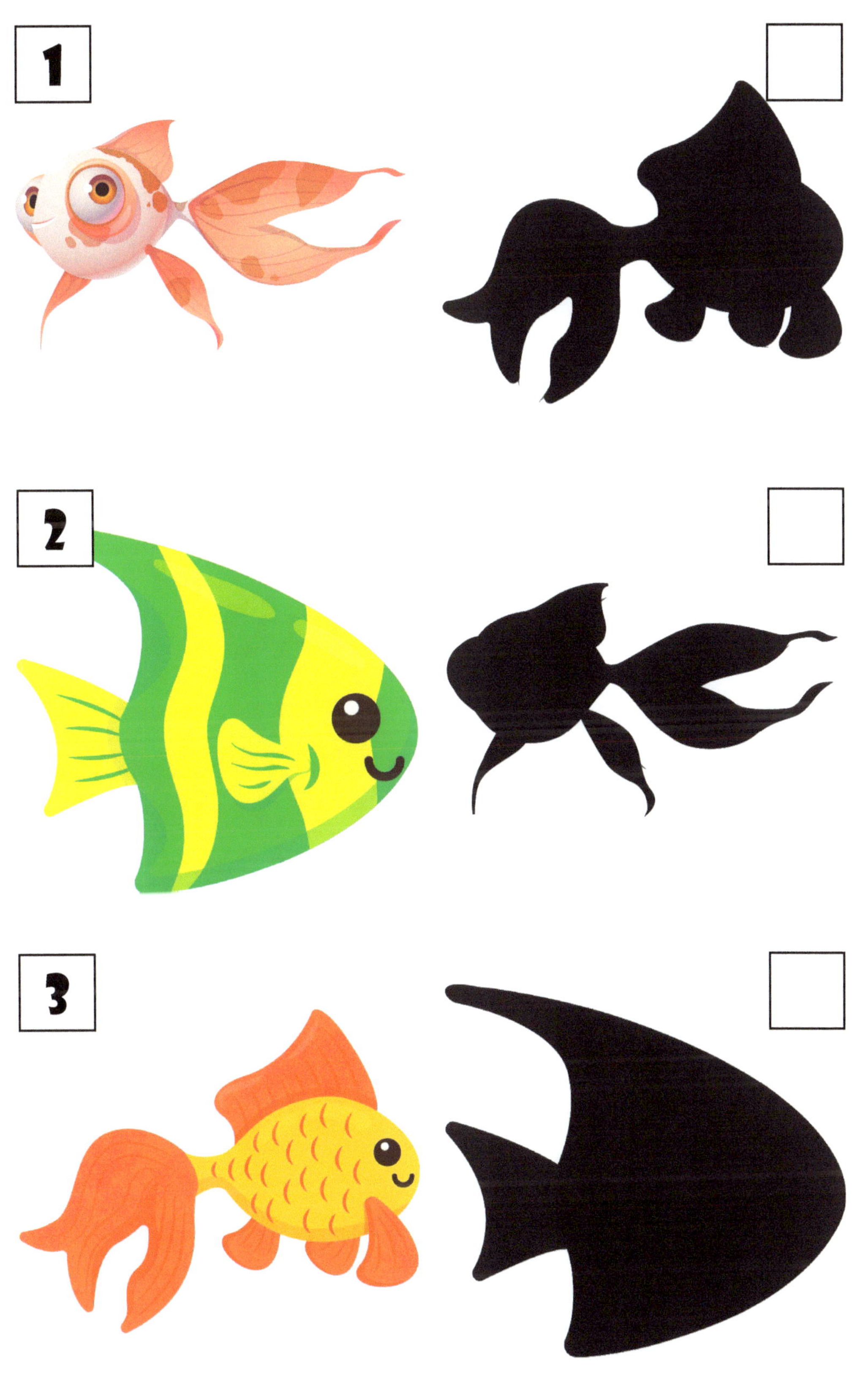

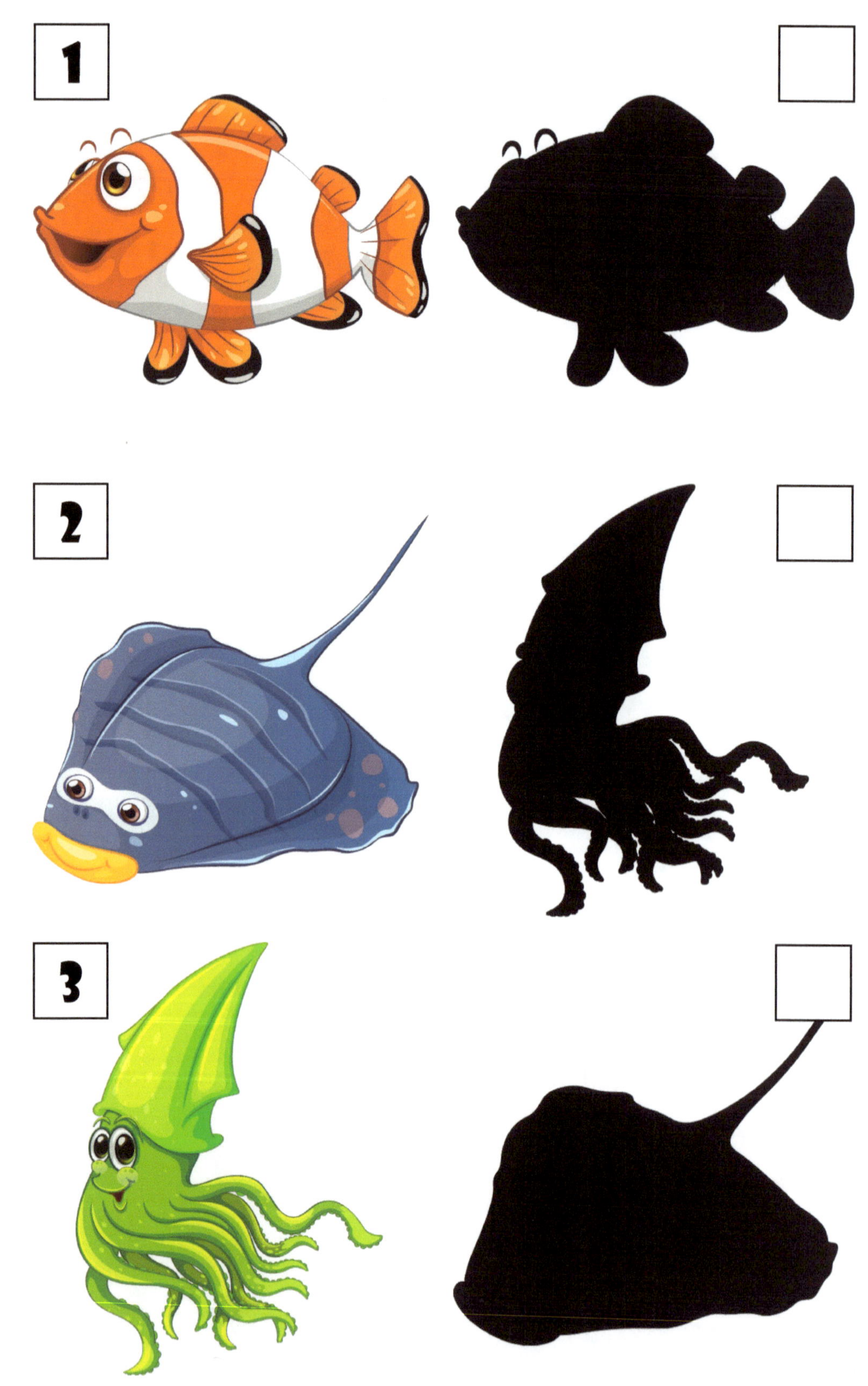

1
2
3

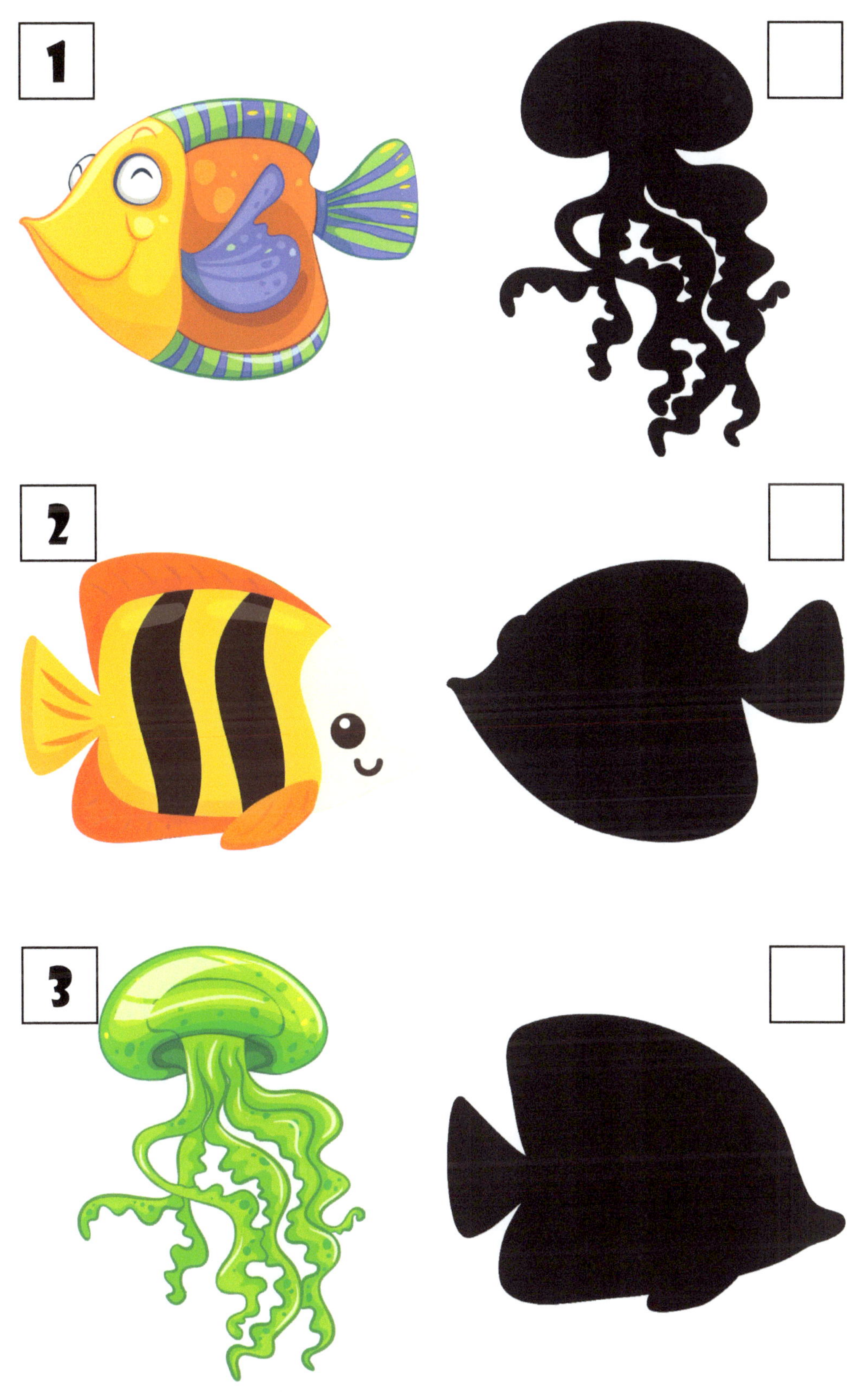

1
2
3

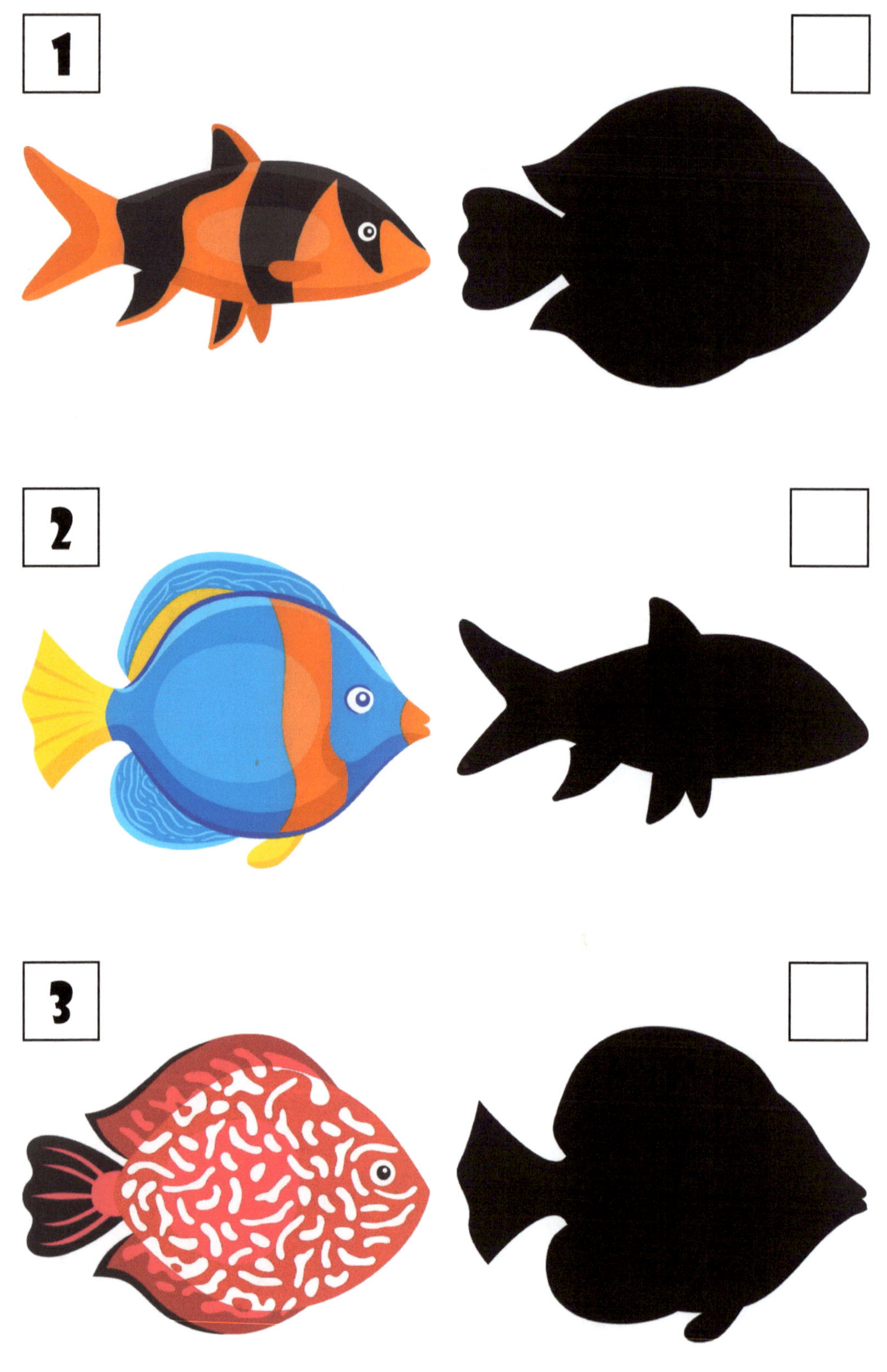

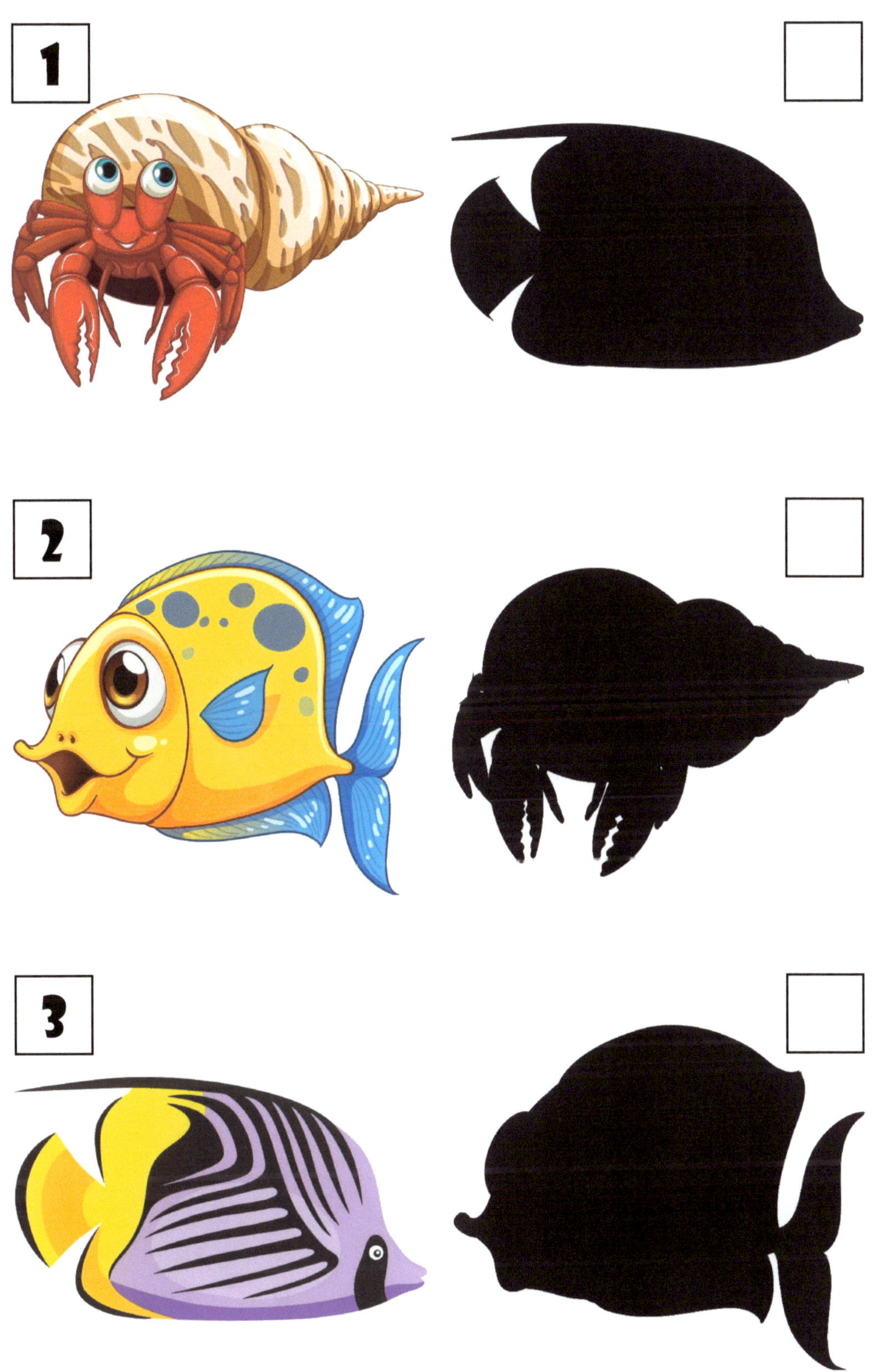

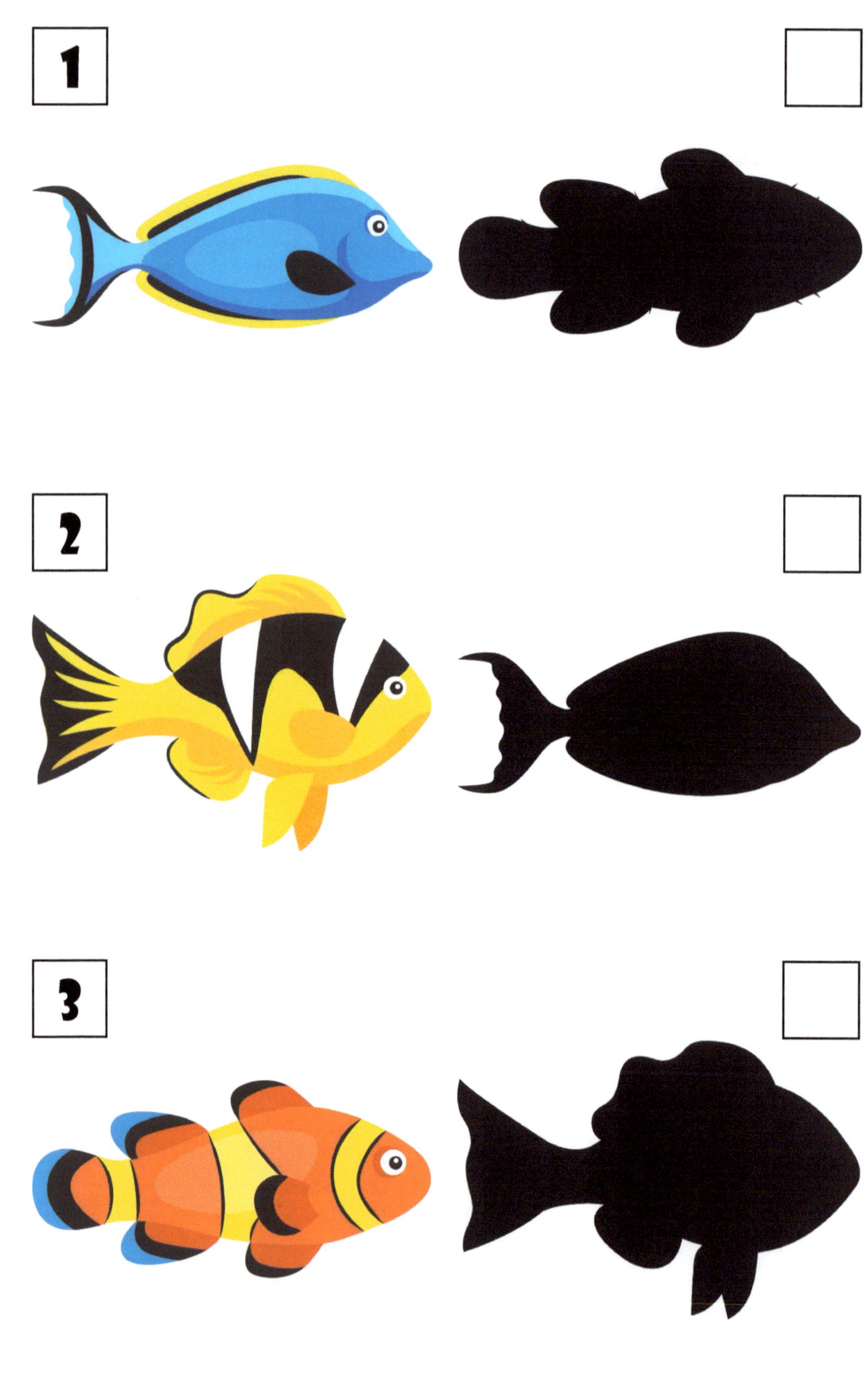
1
2
3

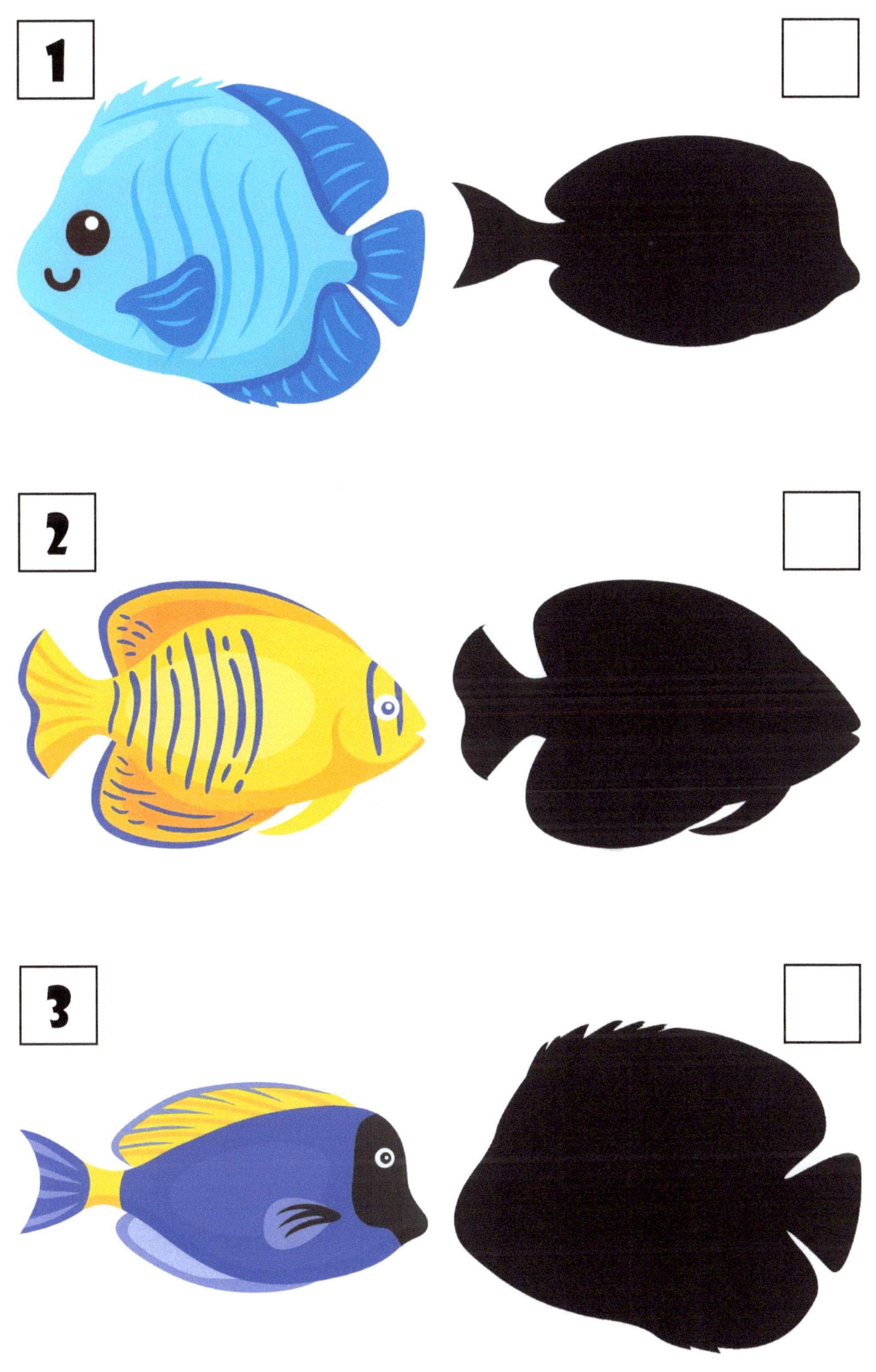

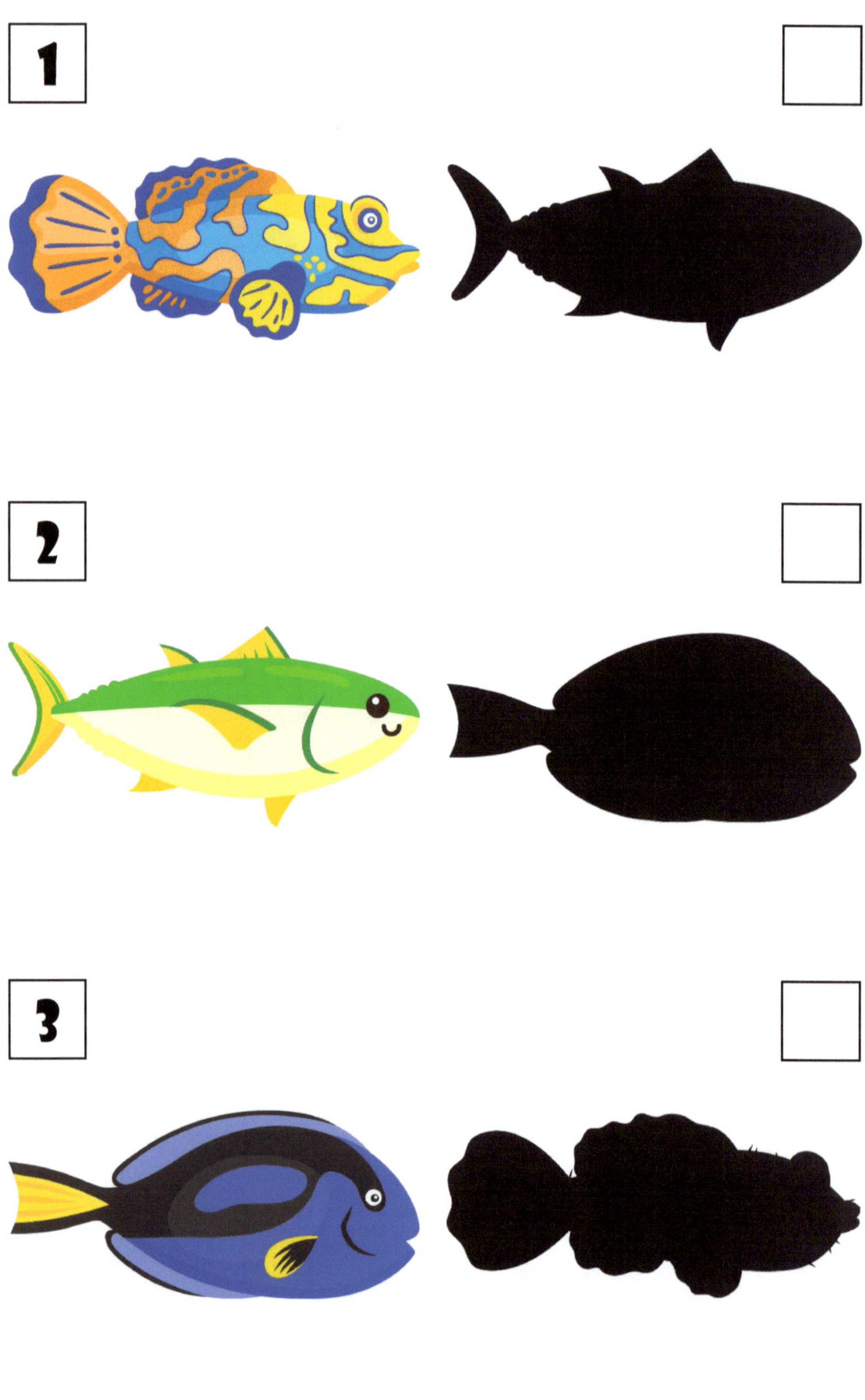

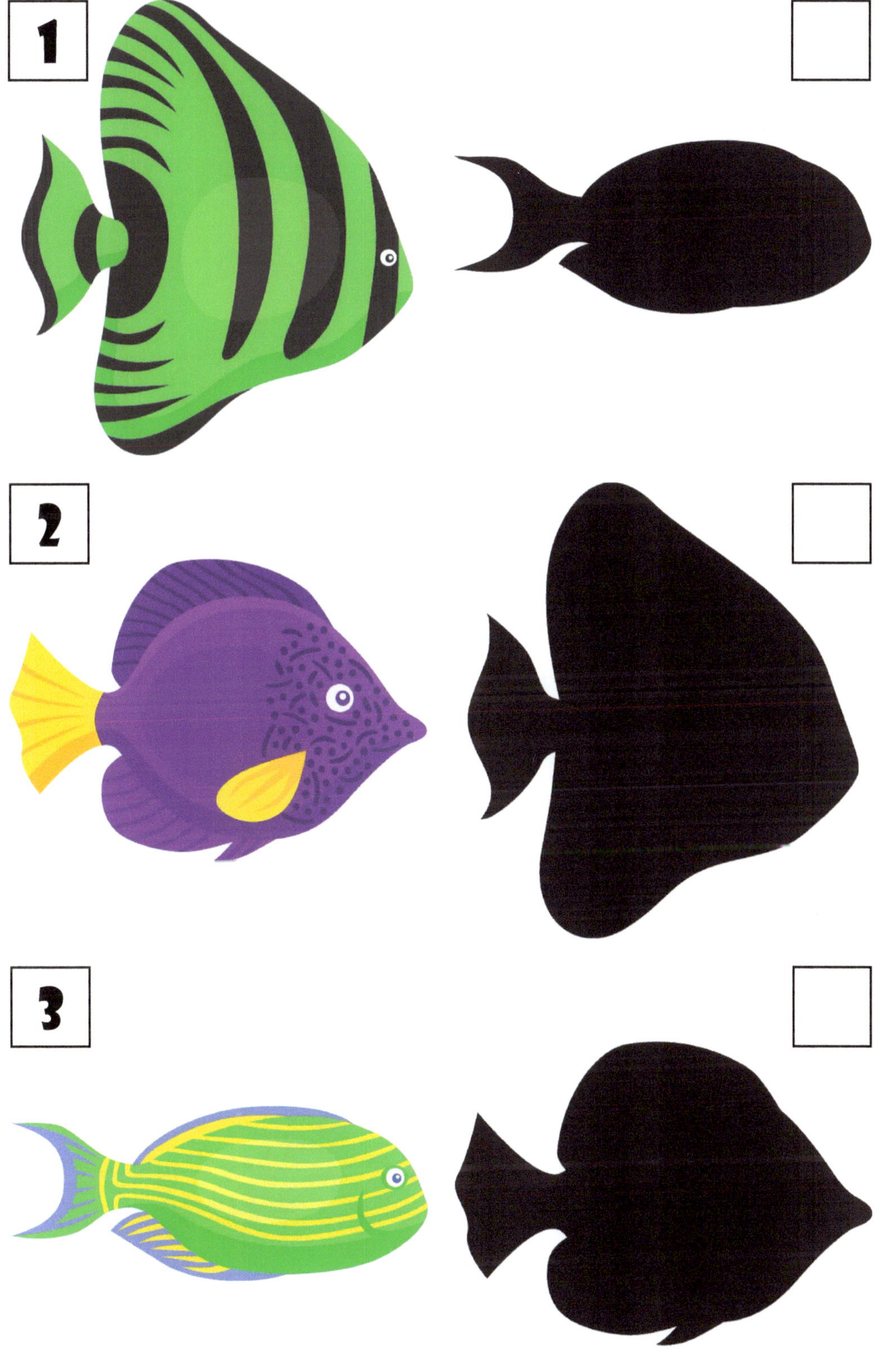

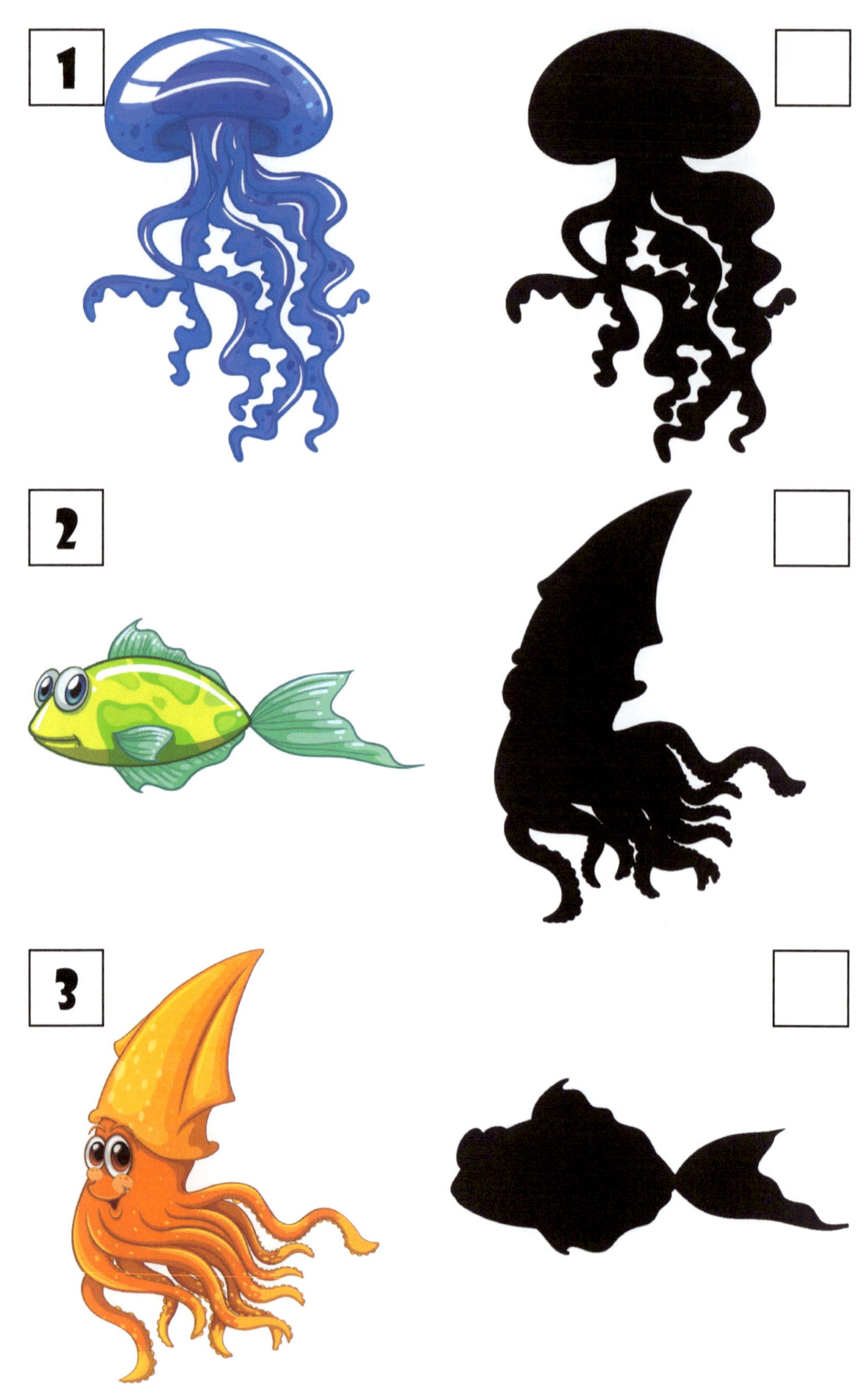

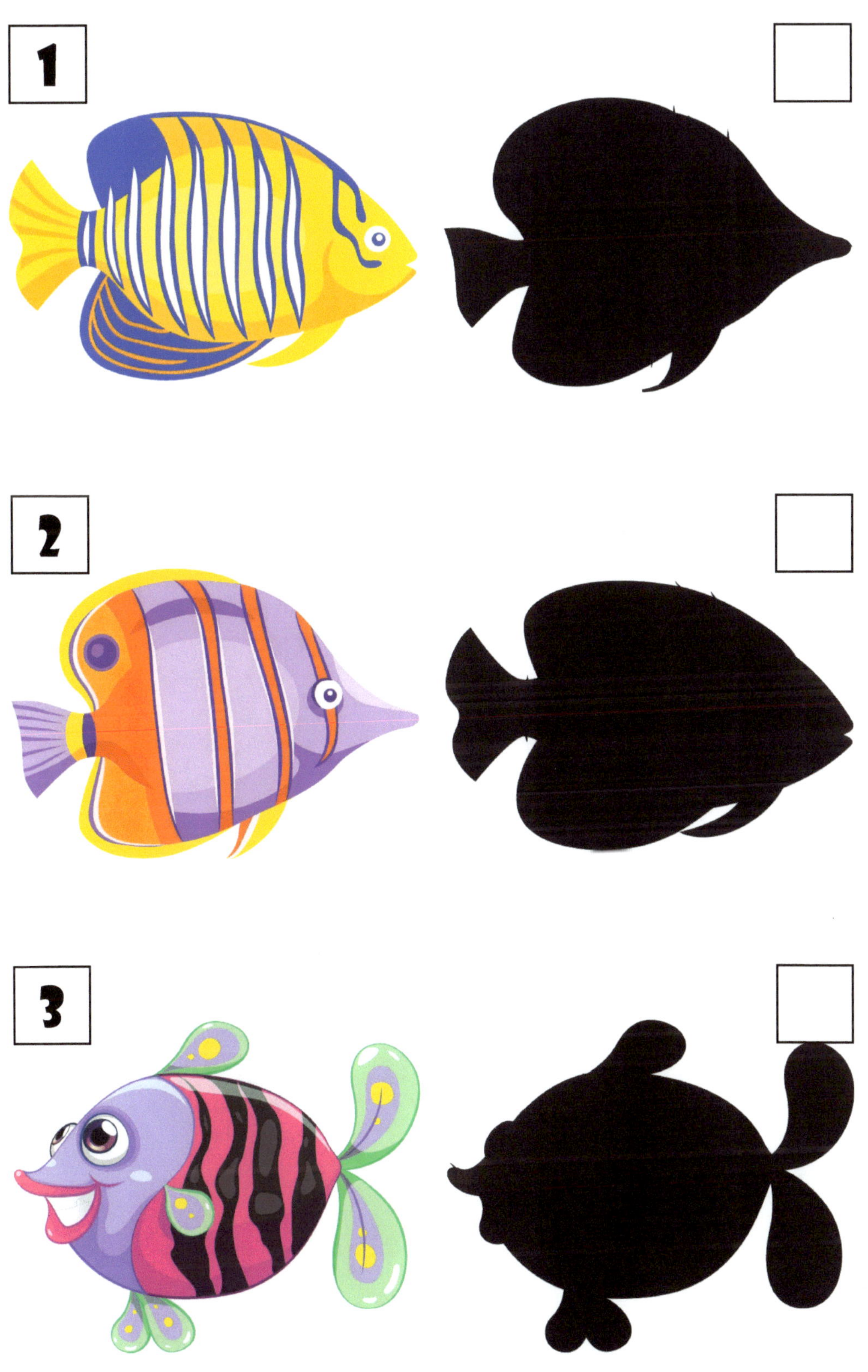

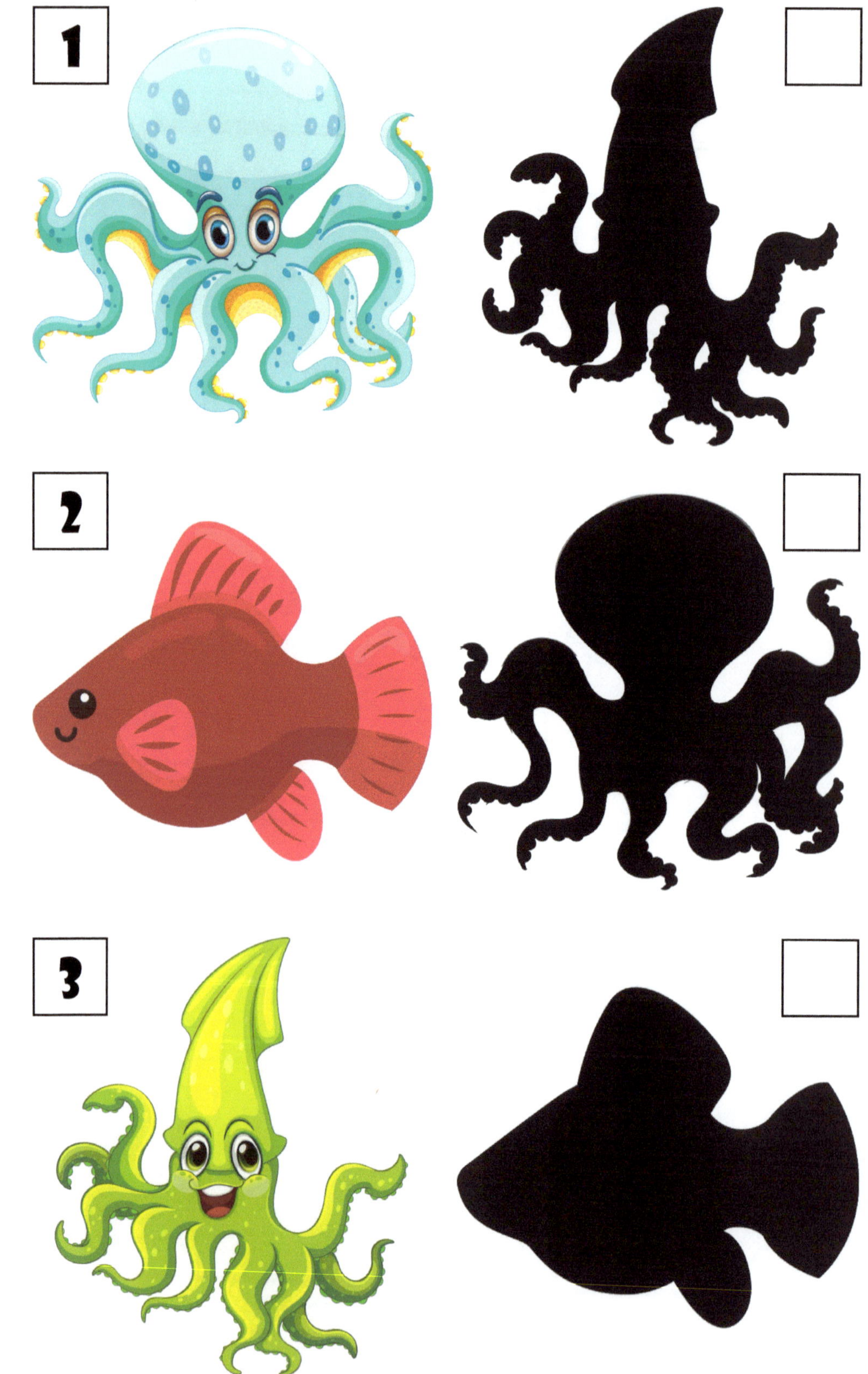

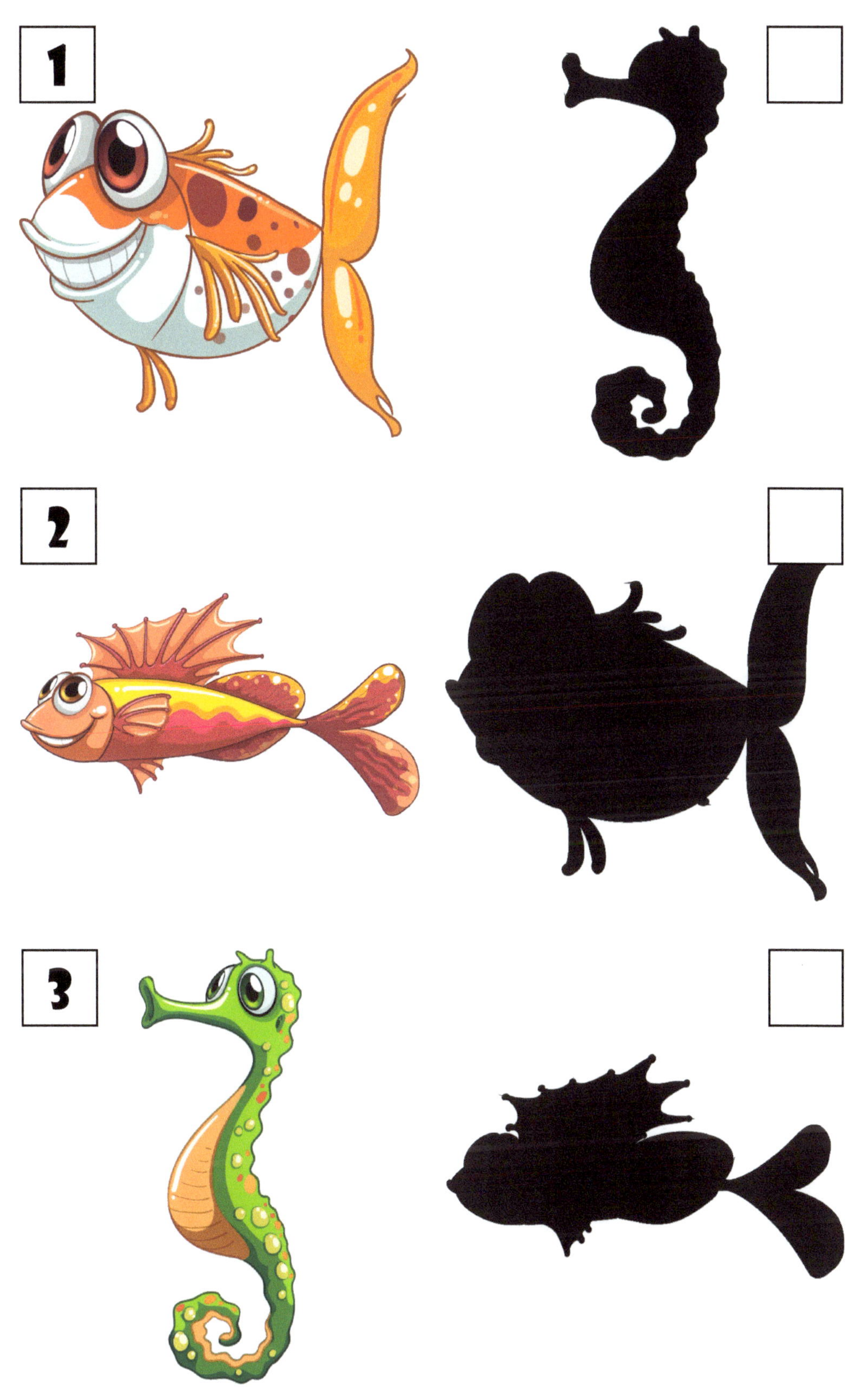

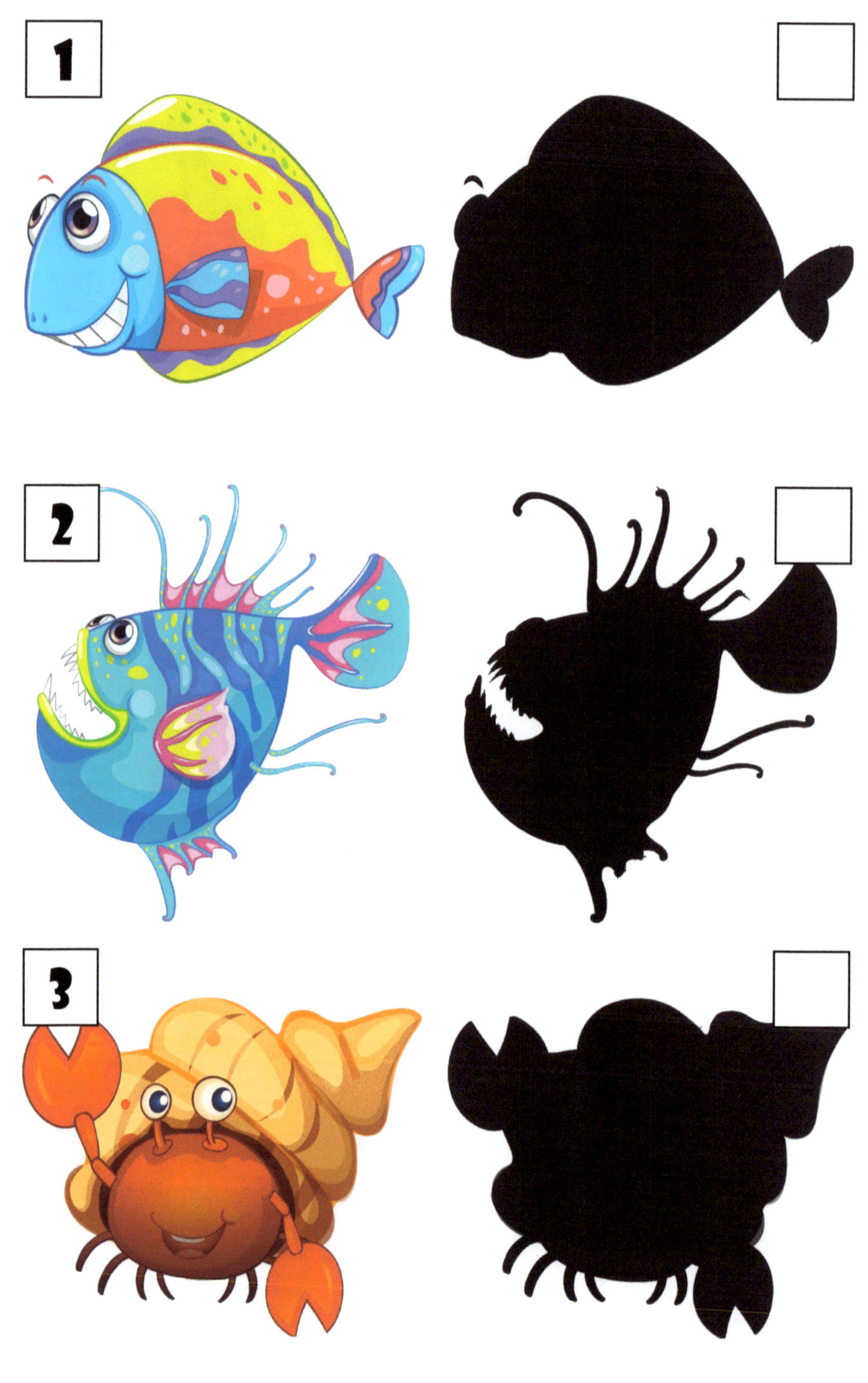

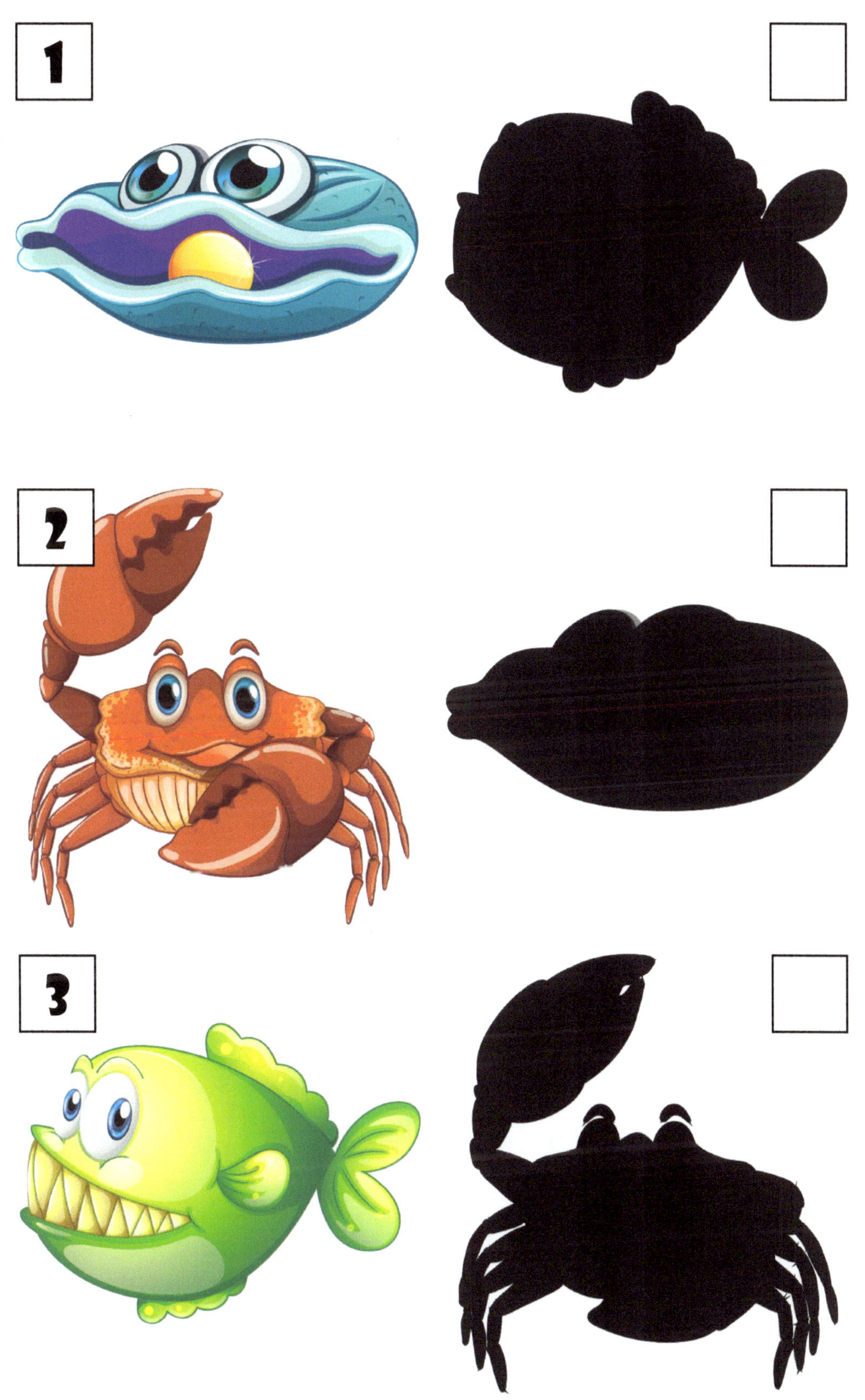

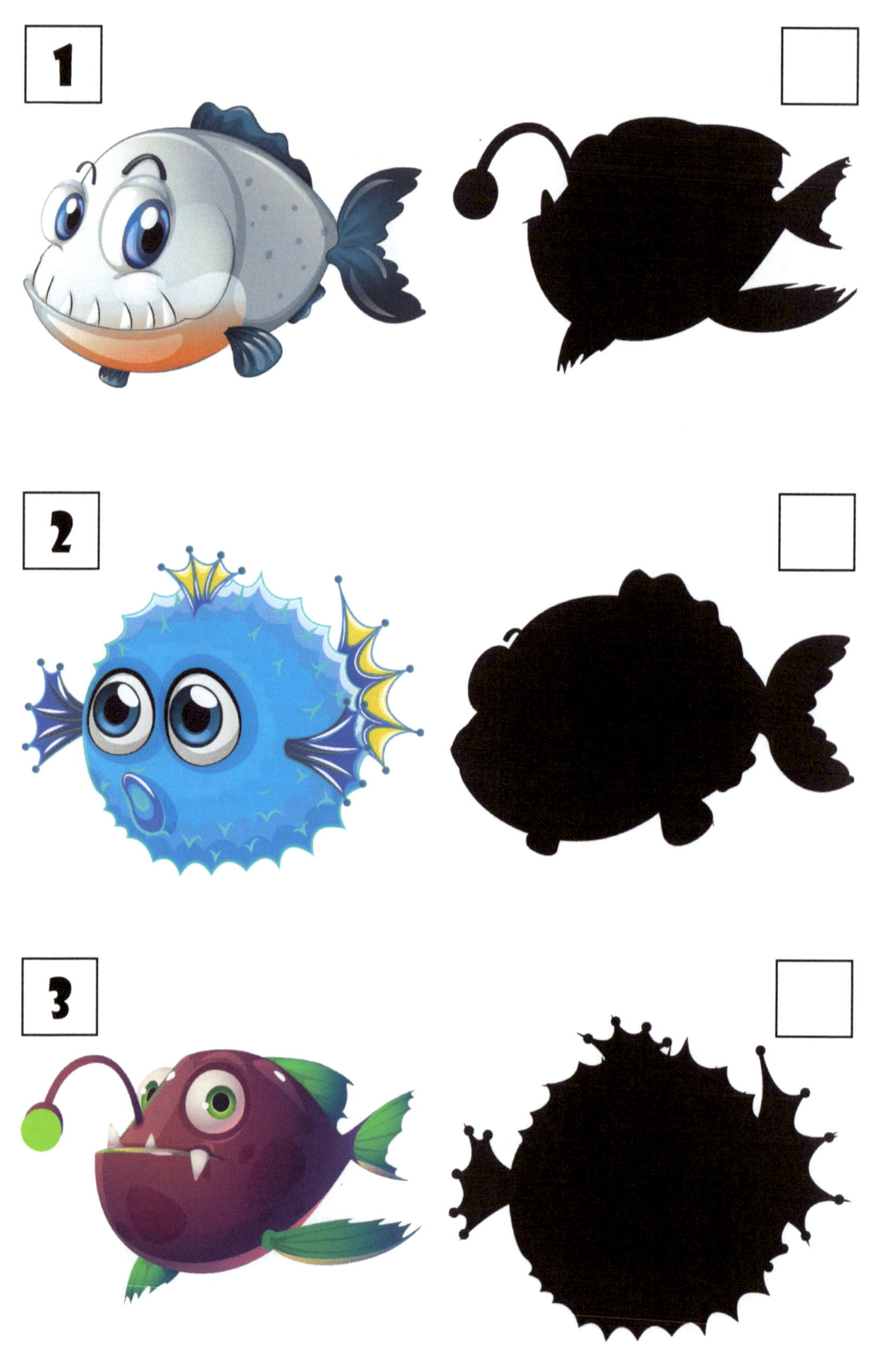

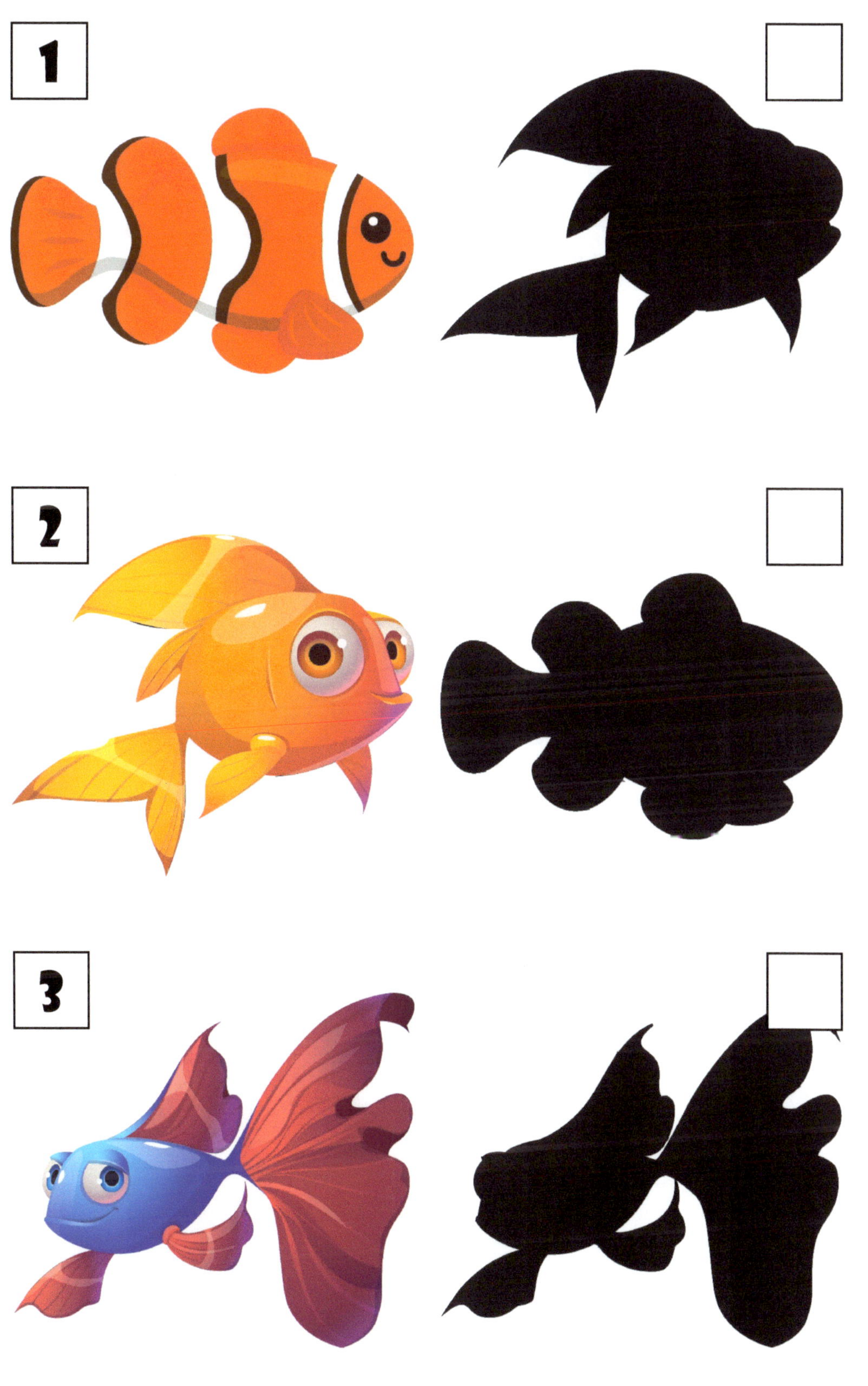

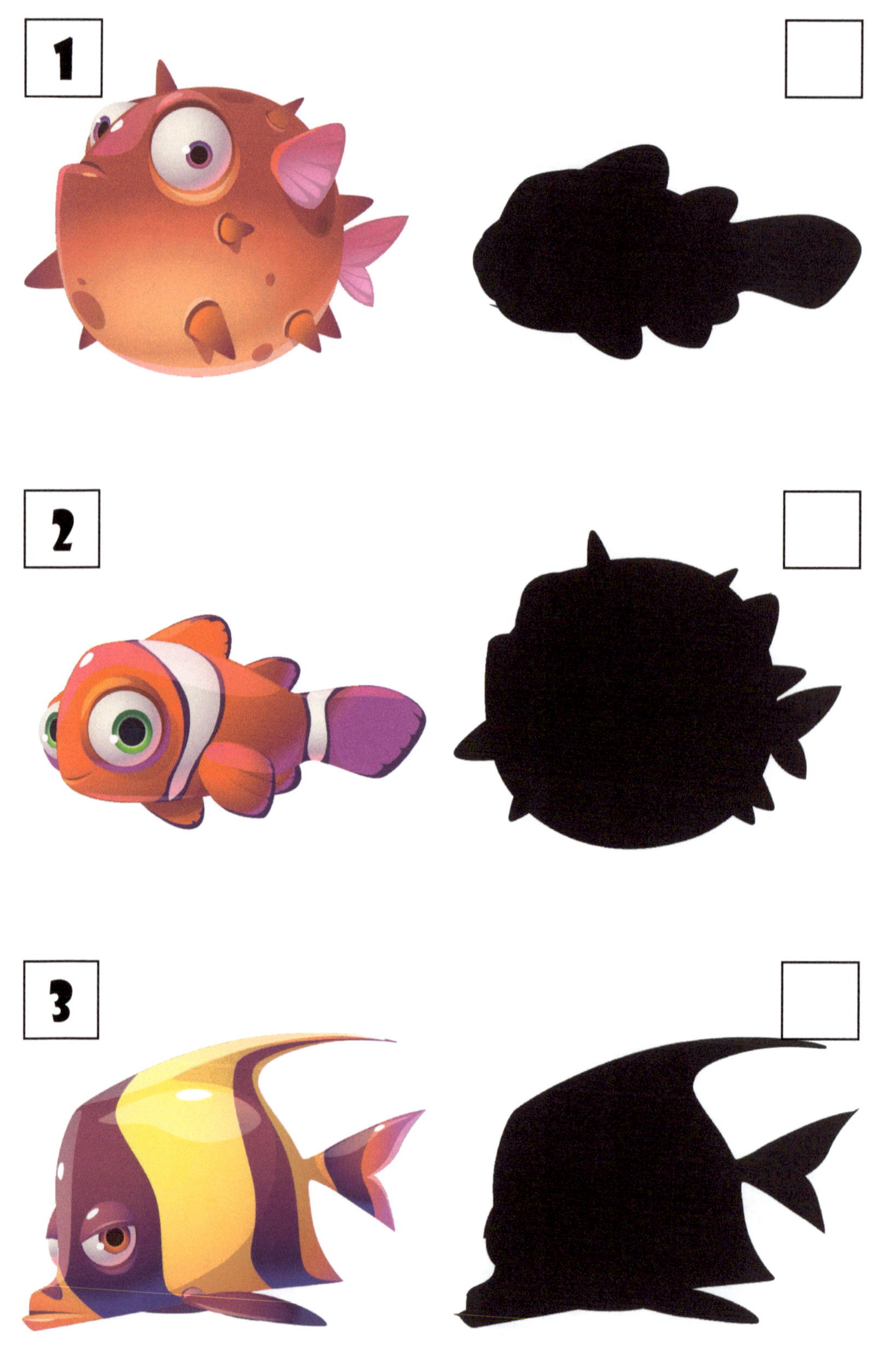

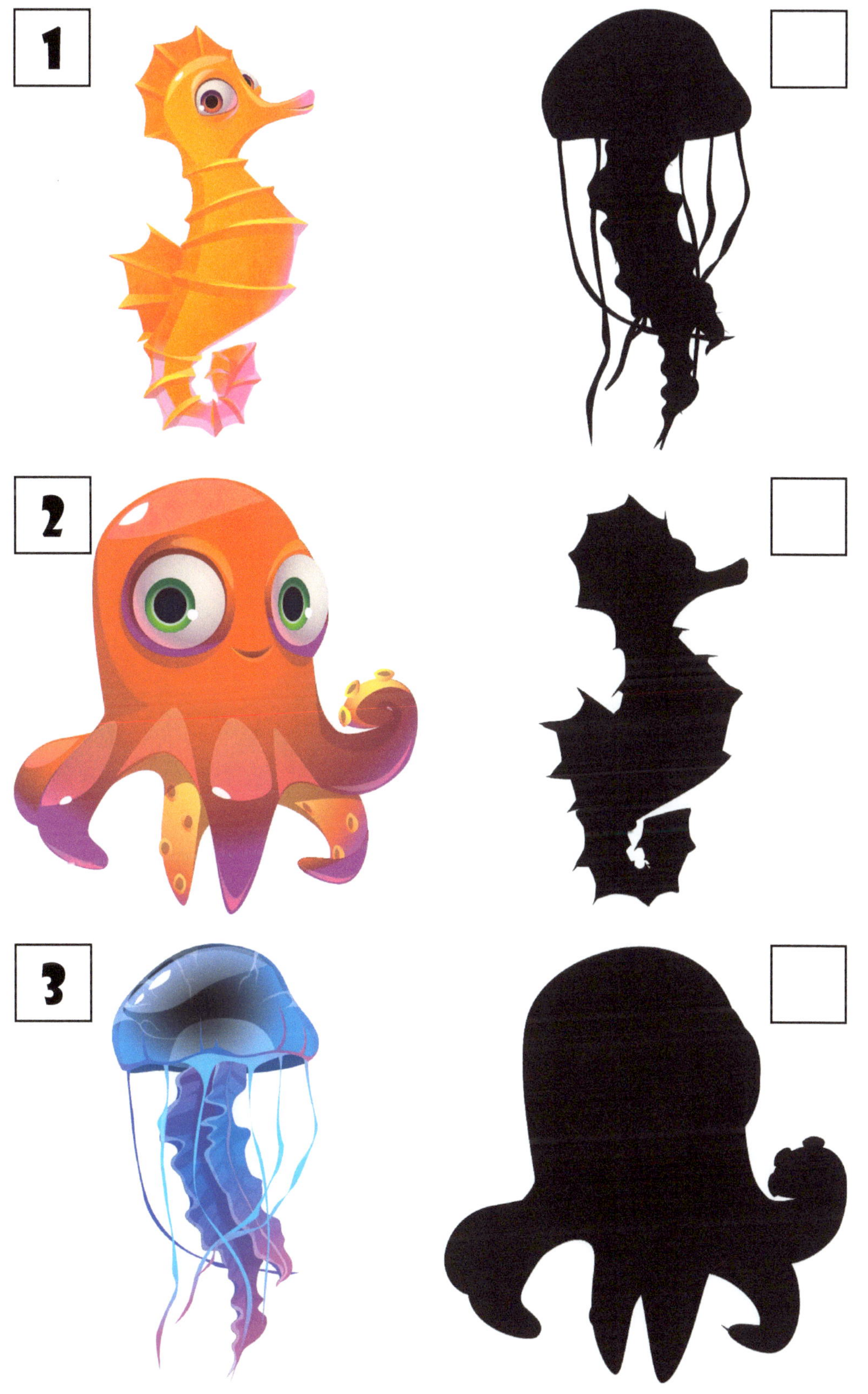

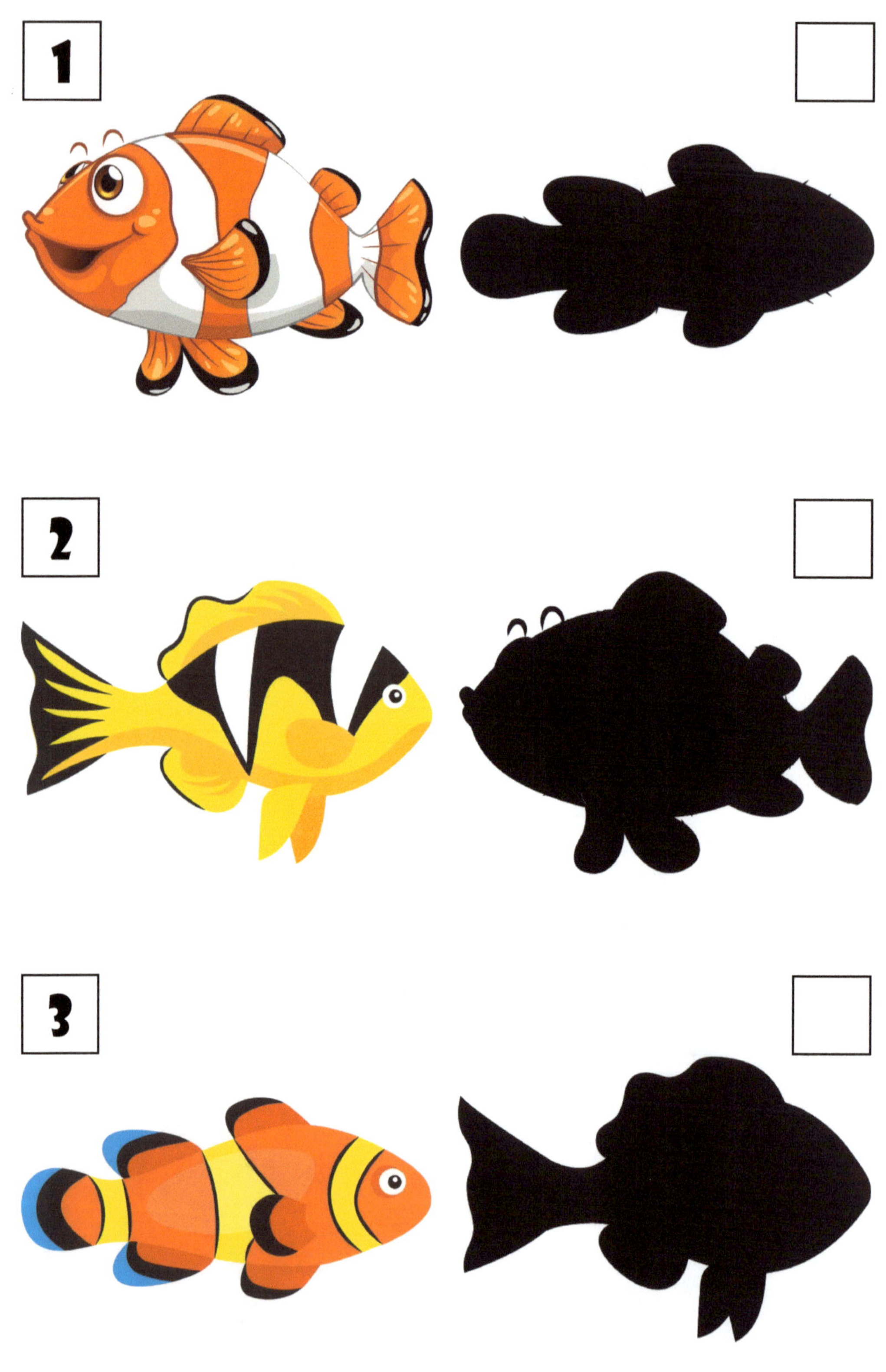

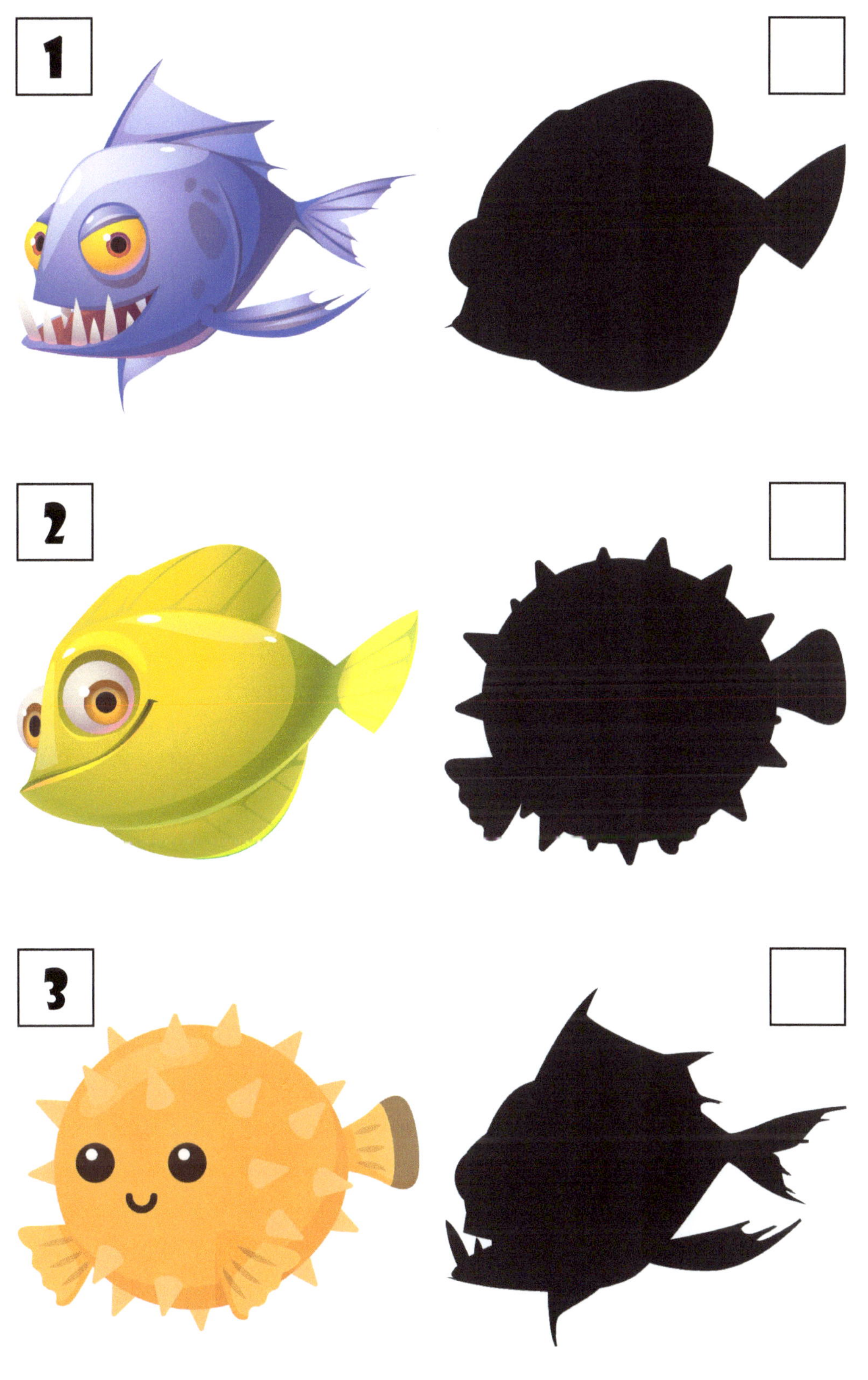
1
2
3

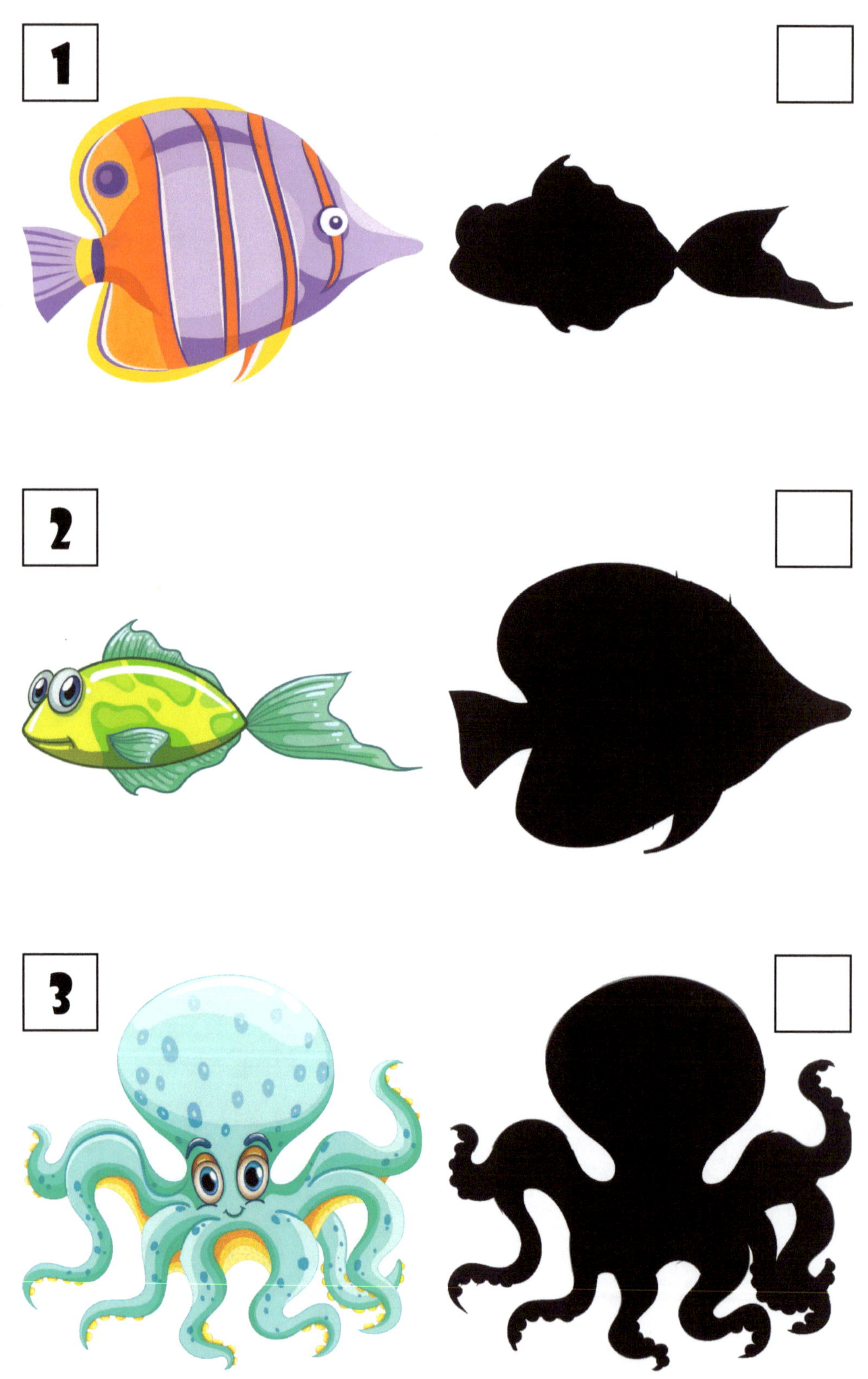